0

null

zero

10

zehn

dez

20

zwanzig

vinte

30

dreißig

trinta

40	**50**
vierzig	fünfzig
quarenta	cinquenta

60	**70**
sechzig	siebzig
sessenta	setenta

80

achtzig

oitenta

90

neunzig

noventa

100

einhundert

cem

1000

eintausend

mil

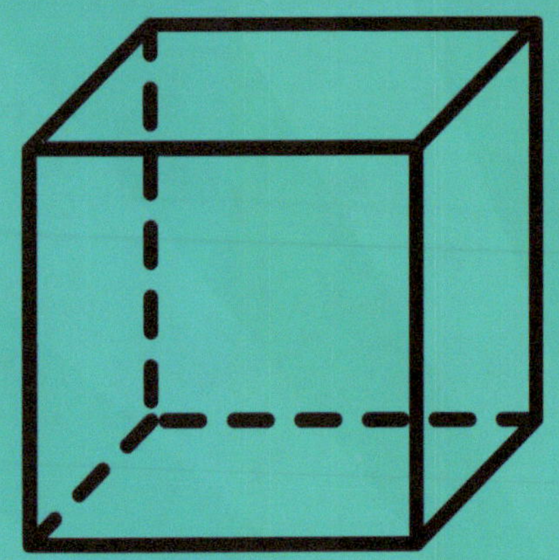

Würfel

cubo

Spielbaustein

bloco

Eiswürfel

cubo de gelo

Karamell

caramelo

Zucker

açúcar

Würfel

dados

Geschenkbox

caixa de presente

Pappkarton

caixa de papelão

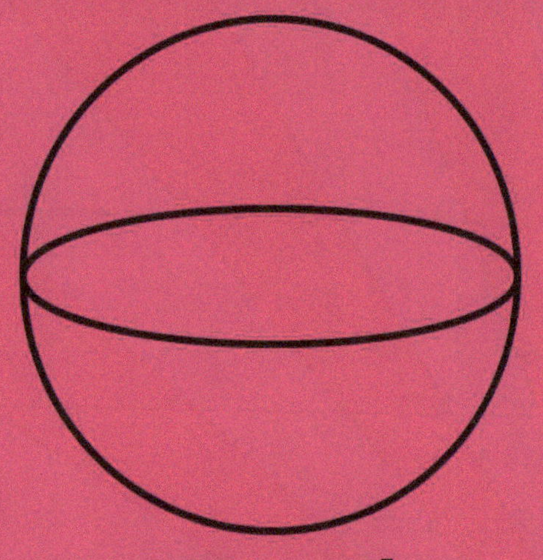

Kugel

esfera

Eiskugel

colher de sorvete

Perle

pérola

Blase

bolha

Murmeln

mármores

Planet

planeta

Schneeball

bola de neve

Tennisball

bola de ténis

Zylinder

cilindro

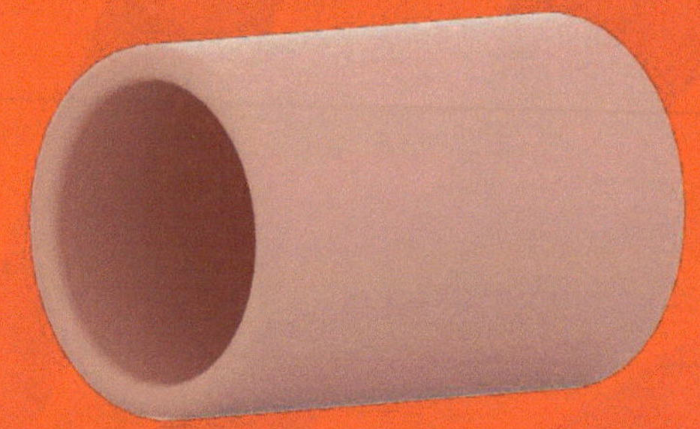

Rohr

tubo

Batterien

baterias

Garnspule

carretel de linha

Zimt

canela

Nudelholz

rolo da massa

Wurst

salsicha

Heuballen

fardo de feno

Kegel

cone

Verkehrskegel

cone de trânsito

Eiswaffel

cone de gelado

Hexenhut

chapéu de bruxa

Kerker

calabouço

Tannenbaum

abeto

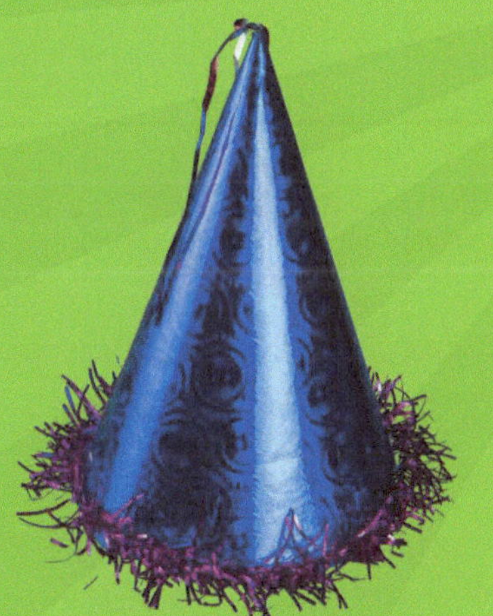

Partyhut

chapéu de festa

Schnecke

caracol

Brombeere

amora

Johannisbeere

groselha

Clementine

clementina

Durian

durião

Drachenfrucht

pitaia

Jackfrucht

jaca

Sternfrucht

carambola

Spargel

espargos

Radieschen

rabanete

rote Bohne

feijão-vermelho

Rübe

nabo

Maniok

mandioca

Süßkartoffel

inhame

Kichererbsen

grão-de-bico

Adler

águia

Fledermaus

morcego

Biber

castor

Flamingo

flamingo

Rabe

corvo

Amsel

melro

Blaumeise

chapim-azul

Elster

pega

Schwalbe

andorinha

Lerche

cotovia

Sittich

periquito

Specht

pica-pau

Pfau

pavão

Papagei

papagaio

tukan

tucano

Storch

cegonha

Koralle

coral

Seeanemone

anémona-do-mar

Seeigel

ouriço-do-mar

Seepferdchen

cavalo-marinho

Clownfisch

peixe-palhaço

Goldfisch

peixinho dourado

Krabbe

caranguejo

Einsiedlerkrebs

caranguejo eremita

Delfin

golfinho

Narwal

narval

Oktopus

polvo

Tintenfisch

lula

Walhai

tubarão-baleia

Orca

orca

Blauwal

baleia azul

Belugawal

baleia-beluga

Hammerhai

tubarão-martelo

Weißer Hai

tubarão-branco

Zitronenhai

tubarão-limão

Tigerhai

tubarão-tigre

Heuschrecke

gafanhoto

Raupe

lagarta

Skorpion

escorpião

Eidechse

lagarto

Dinosaurier

dinossauros

schwarzes Haar

cabelo preto

rotes Haar

cabelo ruivo

braunes Haar

cabelo castanho

blondes Haar

cabelo louro

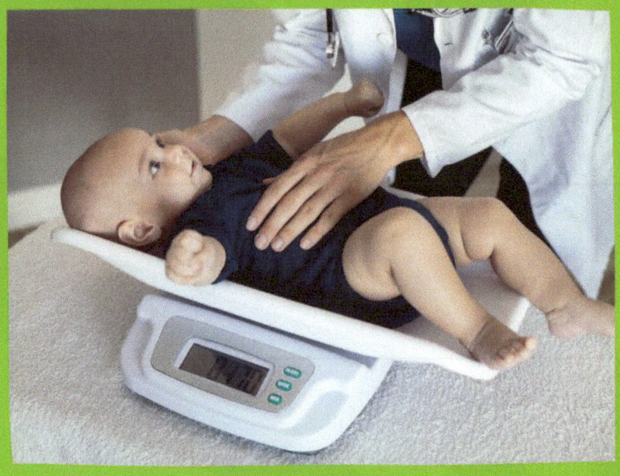

Waage

balança

Krankenhaus

hospital

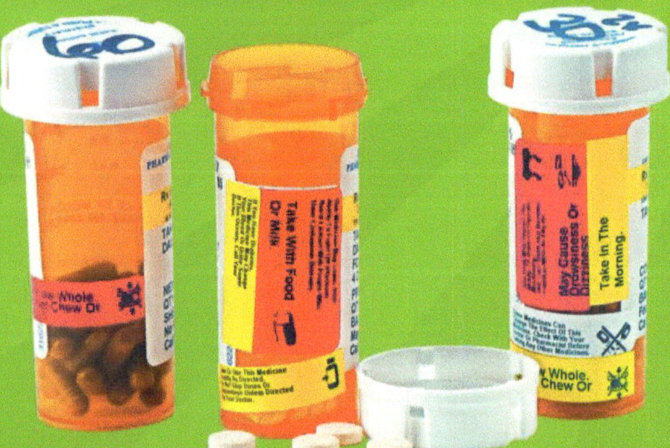

Medizin

medicina

Thermometer

termómetro

Verband

ligadura

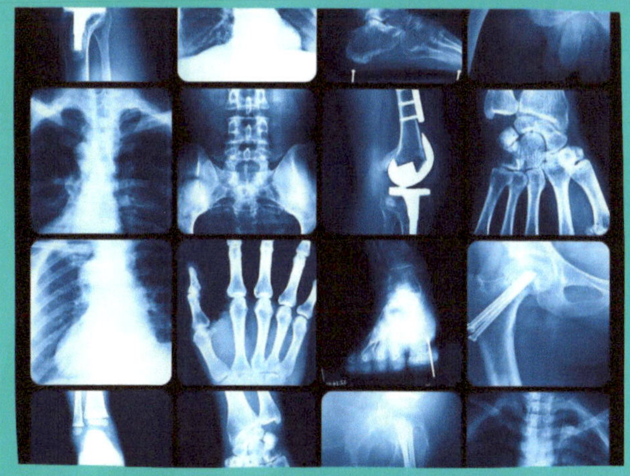

Röntgen

raio-x

Doktor

médico

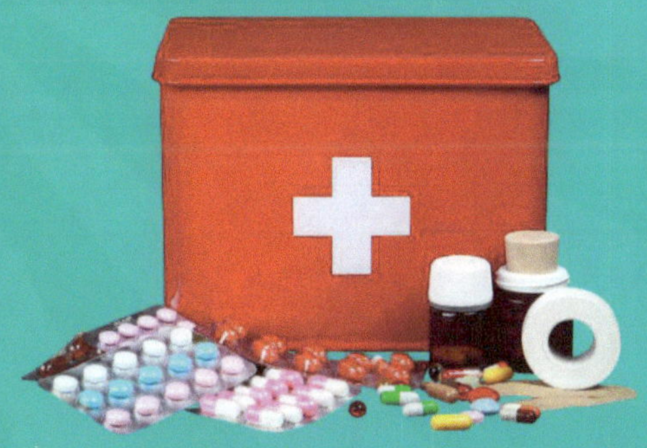

Erste-Hilfe-Kasten

kit de primeiros socorros

spielen

jogar

zeichnen

desenhar

zählen

contar

schreiben

escrever

Tanzen

dança

Schwimmen

natação

Skifahren

esquiar

Basketball

basquetebol

Tennis

ténis

Tischtennis

pingue-pongue

Fußball

futebol

Reiten

passeios a cavalo

Eishockey

hóquei no gelo

Judo

judo

Boxen

boxe

Laufen

corrida

Baseball

basebol

Kricket

críquete

Rugby

rúgbi

Volleyball

voleibol

Maracas

maracas

Tamburin

pandeireta

Xylophon

xilofone

Geige

violino

Klavier

piano

Gitarre

guitarra

Cello

violoncelo

Harfe

harpa

Trommel

tambor

Djembe

djembe

Schlagzeug

bateria

Trompete

trompete

Horn

trompa

Saxophon

saxofone

Flöte

flauta

Kopfhörer

auscultadores

singen

cantar

Notenblatt

partitura

Mikrofon

microfone